Armando Barraza Cuellar

¡Tú decides! Hacer el bien o hacer el mal

Armando Barraza Cuellar

¡Tú decides! Hacer el bien o hacer el mal

Hacer el bien o hacer el mal

CREDO EDICIONES

Imprint

Cover image: www.ingimage.com

Publisher:
CREDO EDICIONES
is a trademark of
Dodo Books Indian Ocean Ltd. and OmniScriptum S.R.L publishing group

120 High Road, East Finchley, London, N2 9ED, United Kingdom
Str. Armeneasca 28/1, office 1, Chisinau MD-2012, Republic of Moldova, Europe
Printed at: see last page
ISBN: 978-613-5-61110-6

¡Tú decides! Hacer el bien o hacer el mal.

(Cada ser humano: tenemos tres cerebros, el cerebro humano (el bien) El cerebro mamífero, hormonal y sexual (el mal) y el cerebro instintivo (Actúa para: defenderse y llega el grado de matar).

Autor. Armando Barraza Cuellar.

Fecha. 30 de Septiembre del 2022.

Capitulo uno. **¡Tú decides! Hacer el bien o hacer el mal.** Pags.1-10

Reflexión.

¡Tú decides! Hacer el bien o hacer el mal.

Porque cada ser humano que nace en los cuatro vientos, nacemos con una Masa Encefálica y está integrada por tres cerebros, y el cerebro humano es ahí donde si anida el Conocimiento del bien y en el Cerebro mamífero, hormonal habita el Conocimiento den mal, y es por ello que a los tres años de edad de cada ser humano siendo hombre o mujer despierta la Conocimiento del bien y el Conocimiento del mal, y tenemos todas las herramientas en cada cerebro.

Palabras clave. Conocimiento del bien, (1) Conocimiento del mal (2), tres cerebros. (3) Masa Encefálica, (4) Cerebro humano, (5) Cerebro mamífero-hormonal (6) Tú decides (7).

Introducción. ¡Tú decides! Hacer el bien o hacer el mal.

Porque cada ser humano que nace en los cuatro vientos, nacemos con una Masa Encefálica y está integrada por tres cerebros, y el cerebro humano es ahí donde si anida el Conocimiento del bien y en el Cerebro mamífero, hormonal habita el Conocimiento den mal, y es por ello que a los tres años de edad de cada ser humano siendo hombre o mujer despierta la Conocimiento del bien y el Conocimiento del mal, y tenemos todas las herramientas en cada cerebro. Conocimiento del bien, (1) Conocimiento del mal (2), tres cerebros. (3) Masa Encefálica, (4) Cerebro humano, (5) Cerebro mamífero- hormonal (6) Tú decides (7).

Metodología sistemática.

¡Tú decides! Hacer el bien o hacer el mal.

Porque cada ser humano que nace en los cuatro vientos, nacemos con una Masa Encefálica y está integrada por tres cerebros, y el cerebro humano es ahí donde si anida el Conocimiento del bien y en el Cerebro mamífero, hormonal habita el Conocimiento den mal, y es por ello que a los tres años de edad de cada ser humano siendo hombre o mujer despierta la Conocimiento del bien y el Conocimiento del mal, y tenemos todas las herramientas en cada cerebro.

En nuestro cerebro humano se encuentras todas las herramientas necesarias para actuar, pero depende de cada ser humano, si quiere que lo que habita en el cerebro humano que son: amor, gozo, paz, fe, benignidad, templanza, sabiduría, inteligencia, consejería, poder, conocimiento y reverencia al Creador que es nuestro Dios Eterno, con esas herramientas podemos reactivarlas, y que el nuestro conocimiento del bien que ahí está y que , actué y tenga un equilibro entre los tres cerebros si, cada uno de los seres humanos hiciéramos esto, entonces seriamos todos y cada uno felices, y vivir en armonía, pero por desgracia no es así, cada día vemos que la misma humanidad esta actuado con el conocimiento del mal, y esto nos llevara a una caos universal e individual y por ende, será la destrucción del mismo planeta llamado :Tierra y todos sus habitantes.

En el cerebro del conocimiento del mal se anida el odio, orgullo, vanidad, la soberbia, el egocentrismo, la desobediencia, el desamor, la semilla de la iniquidad (matar, la desobediencia, todo lo opuesto del cerebro humano donde está el conocimiento del bien, deseos sexuales prohibidos , el homosexualismo, el lesbianismo, y todo lo opuesto del bien.

Ahora vamos con Las sagradas Escrituras que dicen del Árbol del Conocimiento del bien y del Conocimiento del mal.

Dios creó el bien y el mal.

(Isaías. 45:7).

Resumen. Que formo la luz y creo las tinieblas, que hago la paz y creo la adversidad, Yo Jehová (YAHWEH) Soy el que hago todo esto.

Romanos. 9: 20, 21, 22, 23 y 24. 20. Mas antes, oh hombre, ¿Quién eres tú, para que alterques con Dios? ¿Dirá el vaso de barro al que lo formo: ¿Por qué me has hecho así? 21. ¿Qué no tiene potestad el alfarero sobre el barro, para hacer de la misma masa un vaso para honra y otro para deshonra?

Palabras clave.

Que formo la luz y creo las tinieblas, que hago la paz y creo la adversidad. Yo Jehová soy el que hago todo esto.

Introducción. Romanos 9: 22 Y que, si Dios, queriendo mostrar su ira y hacer notorio su poder, soporto con mucha paciencia los vasos de ira preparados para destrucción.

Metodología sistemática. Romanos. 9:22. Que, si. Esto introduce una declaración de hechos en la forma de una pregunta retorica. **Quedando. La** palabra griega alude a una intención divina y no a una actitud pasiva de resignación. **Soportó.** Dios sería justo en destruir a los pecadores la primera vez que pecan, pero El en su paciencia soporta su rebelión y permite que vivan en lugar de darles lo que todo pecado merece de inmediato: castigo eterno (Romanos. 2:4) **vasos de ira.** Pablo sigue con la analogía del alfarero para referirse a aquellos que Dios no ha escogido para salvación porque permitió que recibieran el castigo justo por su pecado: la ira de Dios (Romanos. 1:18) **preparados para destrucción.** Debido a su propio rechazo de Dios, quien no hace pecadores a los hombres, sino que los abandona al pecado en que ellos mismos han escogido vivir (versículo 18). Romanos 9: 18). Romanos 9: 23, 24. 25. y para hacer notorias las riquezas.

Retomando el resumen anterior desde el principio, podemos decir que el Conocimiento del bien ahí se anida los atributos de Dios para nosotros y son los siguientes.

Amor, gozo, paz, fe, benignidad, templanza, sabiduría, inteligencia, consejería, y poder, conocimiento y temor o reverencia al Creador. Y también ahí está el Conocimiento del bien. Pues bien todo está en el cerebro humano, también está la conciencia.

Cada ser humano que vivimos en los cuatro vientos, necesitamos reactivarlos, con nuestra humildad, reconocer que necesitamos ayuda de alguien, y ese alguien los es Jesús, Dios, y solo Dios nos pide, que nuestro corazón- mente se quebrante y que nuestro espíritu - conciencia de humille ante El, y el vendrá sobre nosotros, y se reactivaran los frutos del Espíritu Santo, y solo así podremos vivir bien, ser servidores de los demás, menos enfermedades , inmunes, menos ataques de la sepas virales, etc., etc.

Y así podremos caminar día tras día con el conocimiento del bien, y todo será totalmente diferente. Podremos decir No cuando es un no, y podemos decidir decir un: Si cuando es un sí.

Muy bien, ya entendimos, que cada ser humano, cada estudiante, cada docente cala autodidacta, cada persona de los cuatro vientos, decide que va hacer con su vida, en este transcurso vivir de este planeta llamado: Tierra, hay que recordar que estaos de pasada, y que es muy importante, ¡Que voy hacer con mi vida en este transitar vida! Que tengo las herramientas suficientes para que yo decida que hago, si actúo bien o actúo mal, y si no puedo, hay alguien que me puede ayudar, y ese alguien es mi Dios el Eterno mi amado Jesús, el esta dispuesto a ayudarme en cuando, yo le crea a él y está presto para que me ayude.

Discusión. Pues bien ya vimos el resumen, palabras clave, la introducción y la metodología sistemática, solo nos resta decir. Que cada quien decide hacia dónde va, si va rumbo a la Cima, o si va rumbo a la Sima, cada quien tiene el poder de decidir que cerebro es el timón, para poder llevar a los otros dos cerebros para que se integren y solo así elaborando enlaces podrán ir a la par los tres cerebros, pero el que lleva el control debe de ser el cebero humano.

Mapa mental.

El cerebro humano lucha a cada segundo con el cerebro mamífero- hormonal y sexual. Porque son opuestos en sus funciones, y se necesita mucha fuerza de voluntad, para que nuestro cerebro humano lleve un enlace equilibrado con el cerebro mamífero, es por ello, que cuando nos gana el cerebro mamífero- hormonal, necesitamos ayuda de alguien y ese alguien es Dios el Omnisciente, el Todo poderoso, nuestro Jesucristo, nuestro Señor.

↓

Tú decides, hacia donde quieres ir, si vas a la Cima muy bien, entonces tu cerebro humano con su conocimiento del bien estará contigo actuando con todas sus herramientas didácticas, psicológicas, físicas y mentales, y será un ser que vivirás feliz, y serás un servidor hacia los demás, y agradecido con el Creador Dios el Eterno Jesús.

Si quieres ir en busca de la Sima entonces tu cerebro mamífero-hormonal y sexual estar actuando con todas sus herramientas y todo lo contrario del conocimiento del bien, aquí estará actuando el conocimiento del mal.

La decisión es tuya, y si quieres pide la dirección del Eterno, y el te guiara.

Imagen.

"La Palabra de Dios es el pensamiento de Dios. Cuando comienza a usar el pensamiento de Dios contra los pensamientos de duda. usted empieza a vencer."

Recapitulando.

¿Tú qué piensas, mi querido estudiante, docente, autodidacta, público en general, de este primer capítulo?

¿Qué dices del conocimiento del bien?

¿Y del conocimiento del mal que puedes aportar?

¿Tú qué dices, si en verada necesitamos ayuda del Eterno para poder elegir lo correcto?

ENTONCES VAMOS POR UN BUEN CAMINO EN ESTE PRIMER CAPITULO.

¡Pues bien adelante, seguimos avanzando, para poder llegar a la Cima!

Resumiendo.

La decisión es tuya, tú eres el único que decides que vas hacer con tu vida,

Es por ello, que es muy importante que entiendas que tienes todas las herramientas necesarias en tus tres cerebros, para que tú, decidas, que hacer,

Y se ves que no puedes, que caes, y caes, entonces hay que acudir con Jesús el amado llamado Jesucristo.

El te ayuda en cuanto tú le pidas, a él.

Siempre está dispuesto, siempre está a tu lado.

Es por ello que muchas personas, acuden a él, para puedas caminar con él: Conocimiento del bien.

Te invito a que participes en este cuestionario.

1.- ¿Que te gustaría hacer en tu vida?

____

____

____

____

____.

2.- ¿te gustaría cambiar de rumbo en tu diario vivir?

____

____

____

____.

3.- ¿Cuál conocimiento esta actuando hoy en tu diario vivir?

____

____

____,

Capitulo dos. (Cada ser humano:

Tenemos tres cerebros, el cerebro humano (el bien)

El cerebro mamífero, hormonal y sexual (el mal) y el cerebro instintivo

(Actúa para: defenderse y llega el grado de matar). Págs. 11-20

Resumen. Cada ser humano:

Tenemos tres cerebros, el cerebro humano (el bien) El cerebro mamífero, hormonal y sexual (el mal) y el cerebro instintivo (Actúa para: defenderse y llega el grado de matar), vamos a mencionar los atributos, herramientas necesarias de cada cerebro, sobre todo nos interesa el cerebro humano, el cerebro mamífero-hormonal y sexual, y el cerebro instintivo solo mencionamos que es un cerebro donde se anida el instintivo de sobrevivencia,

Palabras clave.

Cerebro humano (conocimiento del bien), el cerebro mamífero-hormonal y sexual

(Conocimiento del mal) amor, fe, paz, egocentrismo, sexualidad depravada.

Introducción. Tenemos tres cerebros, el cerebro humano (el bien) El cerebro mamífero, hormonal y sexual (el mal) y el cerebro instintivo (Actúa para: defenderse y llega el grado de matar), vamos a mencionar los atributos, herramientas necesarias de cada cerebro, sobre todo nos interesa el cerebro humano, el cerebro mamífero- hormonal y sexual, y el cerebro instintivo solo mencionamos que es un cerebro donde se anida el instintivo de sobrevivencia.

Pues bien vamos a empezar a explica cada cerebro, que cada ser humano de los cuatro vientos lo tenemos, es decir ya nacemos con ellos.

Metodología sistemática. Cada ser humano:

Tenemos tres cerebros, el cerebro humano (el bien) El cerebro mamífero, hormonal y sexual (el mal) y el cerebro instintivo (Actúa para: defenderse y llega el grado de matar), vamos a mencionar los atributos, herramientas necesarias de cada cerebro, sobre todo nos interesa el cerebro humano, el cerebro mamífero-hormonal y sexual, y el cerebro instintivo solo mencionamos que es un cerebro donde se anida el instintivo de sobrevivencia, Cerebro humano (conocimiento del bien), el cerebro mamífero-hormonal y sexual

(Conocimiento del mal) amor, fe, paz, egocentrismo, sexualidad depravada.

Pues bien vamos a empezar a explica cada cerebro, que cada ser humano de los cuatro vientos lo tenemos, es decir ya nacemos con ellos.

Es así que el cerebro humano ahí se anida él : Conocimiento del bien, la conciencia, el espíritu, el amor, el gozo, la fe, la benignidad, la templanza, el poder la sabiduría, la consejería, , la inteligencia, el conocimiento, y el temor (reverencia Dios), ahí está en algunas personas están durmiendo, anestesiados, ligeramente dormidos, si hay personas que están despiertos, bueno si usted es de las personas que, tiene problemas, dificultad para que estén despiertos, pida ayuda, y esa ayuda es con mi Dios el Eterno, el Jesús amado. Él le va a ayudar, si usted se lio pide de todo corazón, es decir: Si su corazón-mente se quebranta y su espíritu-conciencia se humilla ante su presencia, él le va ayudar de inmediato, y entonces su cerebro humano tiene el control o se enlaza para que el cerebro mamífero-hormonal- sexual este equilibrado y sea sujeto al cerebro humano.

¡Qué bueno sería que la mayoría de la población de los cuatro vientos! estuviéramos, despierto nuestro cerebro humano, y así no habría tanta violencia, crímenes, por doquier, abusos sexuales, divorcios, robos, no se usaría tanto el famosos celular-internet, ya que hoy día, la mayoría de la población lo usan horas y horas duran et el día y durante la noche, y pienso que ya nos convertimos en esclavos del famoso celular-Internet, ¡qué tristeza! Porqué por ello y mas, ya el estudiantado de los cuatro vientos, no quieren leer, penos escribir, me duele mucho que así es, hoy día.

Pero la realidad es otra, por ello, estoy escribiendo este libro con sus ocho capítulos, para ayudar con un poco a todo aquel o aquella quiera cambiar su rumbo, hoy estamos en la Sima, y queremos estar en la Cima.

El Corazón – mente es donde están: Las cuestiones de la vida manan del corazón. Proverbios. 4: 23 dice así: Sobre toda casa guardada, guarda tu corazón; Porque de el mana la vida.

Corazón-mente (centro del pensamiento y de la razón; (proverbios. 3:3; Proverbios. 6: 21; 7:3).

El corazón se refiere comúnmente a la Mente, pero incluye también las emociones (Proverbios. 15: 15, 30), la voluntad (Proverbios. 3: 5). El corazón es donde se deposita toda la sabiduría, y la fuente de todo lo que afecta al habla, (versículo. 24), a la vista (versículo 25) y a la conducta (versículos, 26, y 27).

Ahora bien en ce cerebro mamífero -hormonal y sexual, se anida ahí, el desamor, la envidia, el egocentrismo, la soberbia, los instintos de todo crueldad, lo asexual, los desenfrenos de la sexualidad anormal, y al semilla de la iniquidad (que es el conocimiento del mal) etc., etc.

Cerebro del instintivo, es muy pequeño pero ahí se anida: los instintos de sobrevivencia, que llega a tal bardo que una persona para poder sobrevivir en los peligros de su vida, puede matar para poder sobrevivir,

Discusión.

El Corazón – mente es donde están: Las cuestiones de la vida manan del corazón. Proverbios. 4: 23 dice así: Sobre toda casa guardada, guarda tu corazón; Porque de el mana la vida.

Corazón-mente (centro del pensamiento y de la razón; (proverbios. 3:3; Proverbios. 6: 21; 7:3).

El corazón se refiere comúnmente a la Mente, pero incluye también las emociones (Proverbios. 15: 15, 30), la voluntad (Proverbios. 3: 5). El corazón es donde se deposita toda la sabiduría, y la fuente de todo lo que afecta al habla, (versículo. 24), a la vista (versículo 25) y a la conducta (versículos, 26, y 27).

Recapitulando:

¡Usted qué piensa respecto al segundo capítulo!

¿Vamos avanzando muy bien o no?

¡Creo sinceramente, que si vamos avanzando poco a poco!

Muy bien ahora aporte sus interrogativas:

Que aportación hace respecto al segundo capitiulo____

____.

¡Qué me dice de los tres cerebros que tiene cada ser humano!____

____

____

____

____

____

____.

¿Muy bien ahora, que hay de interesante en el cerebro humano?____

____

____

____

____

.

¡Porque hoy día es más importante para la mayoría de las personas: el cerebro mamífero, hormonal y sexual! ____.

¿Por qué el cerebro humano, no puede controlar, o dirigir al cerebro mamífero-hormonal y sexual hoy dia?____.

Pues bien, ahora, le toca usted lector, decidir, ¿cual cerebro debe de dirigir, orientar y alavés enrazase en su momento con el cerebro mamífero- hormonal y sexual?

____

____

______y ¿para que?____

____

____ ¿valdrá la pena hoy día hacer esa actividad?____

____

____Y ¿ para que?____

____

____

____

____

____.

Imagen.

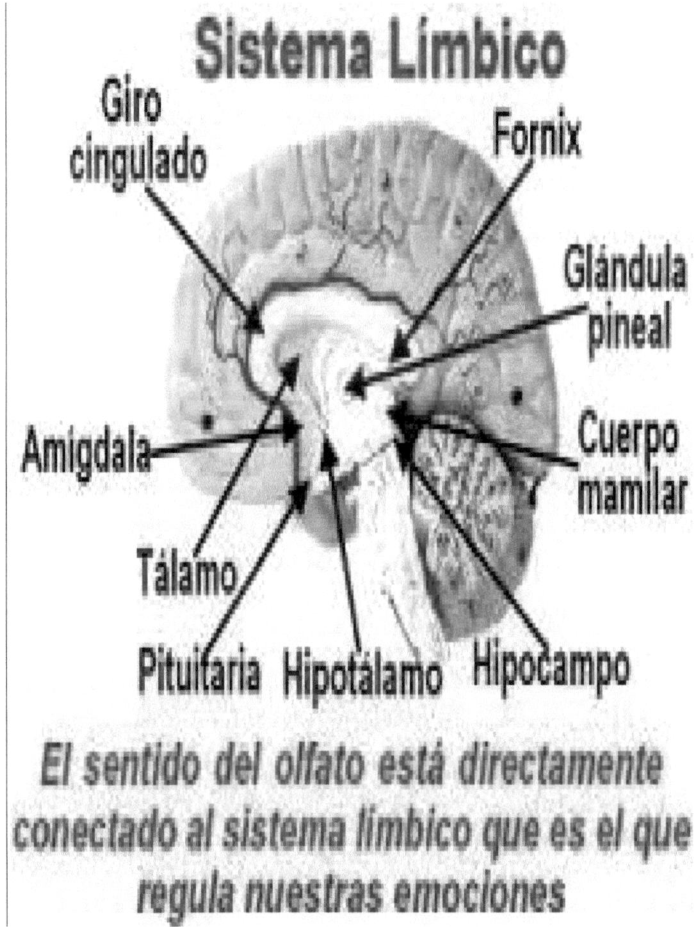
Sistema Límbico
Giro cingulado
Fornix
Glándula pineal
Amigdala
Cuerpo mamilar
Tálamo
Pituitaria
Hipotálamo
Hipocampo
El sentido del olfato está directamente conectado al sistema límbico que es el que regula nuestras emociones

Mapa mental.

Cada ser humano que existe en los cuatro vientos, tenemos tres cerebros en la Masa Encefálica, y ella está integrada por tres cerebros que son : CEREBRO humano ahí está el Conocimiento del bien, y ahí están los frutos del Espíritu Santo y que son : amor, paz, fe, mansedumbre, la benignidad, la templanza, la sabiduría, la inteligencia, el poder, la consejería, el conocimiento y la reverencia al eterno, tofos ellos y la humildad, se vivir en equilibrio con los tres cerebros.

¡Tú decides hacia donde te diriges!, hacia el conocimiento del bien, o al conocimiento del mal. Pero si tu, no puedes cambiar, busca ayuda, y yo te invito a que hables con Dios el Eterno, con mi Jesús amados, para que el Espíritu Santo llegue a ti, y te llene de su gloria, de su poder, y entendimiento para que te decidas! Cual camino debes de coger!, y haces tú la decisión que t es les conveniente, si te vas a la Sima o a la Cima.

Pues bien, creo, que hasta en este momento, vamos por un buen camino, haciendo lo correcto, y cada estudiante, maestro, lector, autodidacta y público en general, ya escogerá su camino, pero hay una persona que quiere cambiar, y ve que está batallando, pues le invito que se rinda ante Jesús, para que su Espíritu Santo lo llene de sabiduría, y él le dirá que hacer.

‘**Que** te llama la atención este segundo capítulo?____

____

____

.

Tú has tu aportación muy personal respecto a este segundo capítulo.____

____

____

____.

Te voy hacer una pregunta: ¿Por qué es tan difícil poder controlar el cerebro mamífero-hormonal y sexual a través de la historia y hoy en día?____

____

____

____

____.

Capitulo tres. ¿Por qué nos dejamos llevar por hacer el mal? Pags. 21-30.

Resumen. ¿Por qué nos dejamos llevar por hacer el mal? Si tenemos todas las herramientas necesarias, para actuar con amor, con gozo, con paz, con la fe, con la benignidad, con la templanza, con la sabiduría, con la inteligencia, con poder, consejería, con conocimiento y temor o reverencia a nuestro dios el Eterno, aun así nos dejamos arrastrare por el conocimiento del mal. ¿Por qué?).

Palabras clave. Conocimiento del bien, conocimiento del mal, amor, gozo, paz, Fe, sabiduría.

Introducción.

¿Por qué nos dejamos llevar por hacer el mal? Si tenemos todas las herramientas necesarias, para actuar con amor, con gozo, con paz, con la fe, con la benignidad, con la templanza, con la sabiduría, con la inteligencia, con poder, consejería, con conocimiento y temor o reverencia a nuestro dios el Eterno, aun así nos dejamos arrastrare por el conocimiento del mal. ¿Por qué?). Conocimiento del bien, conocimiento del mal, amor, gozo, paz, fe y sabiduría.

Metodología sistemática.

¿Por qué nos dejamos llevar por hacer el mal? Si tenemos todas las herramientas necesarias, para actuar con amor, con gozo, con paz, con la fe, con la benignidad, con la templanza, con la sabiduría, con la inteligencia, con poder, consejería, con conocimiento y temor o reverencia a nuestro dios el Eterno, aun así nos dejamos arrastrare por el conocimiento del mal. ¿Por qué?). Conocimiento del bien, conocimiento del mal, amor, gozo, paz, fe y sabiduría.

A través de la historia de la humanidad, si la revisamos, seguimos igual, la misma historia, nos inclinamos por hacer el mal, como si nos gusta hacer el mal, a veces me pregunto, ¿Por qué nos inclinamos a hacer el mal? Y luego me contesto, porque lo Y me digo, me gustaría hacer siempre el bien, y cuándo estamos haciendo el bien conmigo mismo y con los demás, perdón por lo que voy a escribir, pero me digo a mi mismo, si estoy obrando bien, ¿porque me inclino a hacer el mal?

Al parecer es bien aburrido con el tiempo hacer el bien, sé que estoy equivocado, porque a través de la historia de la humanidad, existido personas, hombres y mujeres, que han hecho el bien toda su vida, entonces ¿Por qué seguimos igual? O acaso ¿nada mas mí, me pasa eso?

Muy bien, hay que seguir luchando día a día, noche tras noche, segundo a segundo, para que nuestro conocimiento del bien que se anida en el cerebro humano, donde están. El amor verdadero, el gozo, la fe, la templanza, le benignidad, la mansedumbre, la sabiduría, la inteligencia, el poder, la consejería, el verdadero conocimiento y temor o reverencia al Dios Vivo y Eterno, Jesucristo.

Ahora si no podemos en alguno momento de nuestra vida, pues bien hay que poder ayuda pero ¿a quién? Pues mi Dios el Omnisciente, el Omnipotente y el Omnipresente, a Jesucristo y al Dios Eterno. El nos va ayudar. ¡Claro que sí!

¿Qué es lo que nos arrastra a hacer el mal? ¿Por qué nos dejamos llevar por el mal?

Lo que pasa es que la vista, el oído, el gusto, las emociones equivocadas, y lo sexual, la avaricia, el egocentrismo, la vanidad, hacer lo incorrecto nos encanta, nos envuelve en milésimas de segundos, ya estamos ahí, actuando en lo incorrecto.

Sé que esta es una lucha de segundo a segundo, de día y noche en nuestra existencia.

¿Qué podemos hacer? ¿Cómo podemos iniciar el proceso de nuestro cambio interno y externo?

Aquí lo más importante es que cada ser humano, tenemos las herramientas suficientes para hacer un cambio interno y externo de nuestra existencia, lo que tenemos que hacer, es cuando tenemos la tentación del conocimiento del mal, parar por unos segundos y reflexionar, y preguntarnos ¿Que estoy haciendo?

Y no nos queda que pedir ayuda, y ya sabemos a quién, a nuestro Dios el Eterno, el que todo lo sabe, el que todo, lo ve.

¿Cómo lo ven mis queridos lectores, se podrá?

Vamos a hacer un cuestionario interrogatorio.

Tenemos que luchar cada milésima de segundo en nuestro diario vivir.

¿Se podrá?

____

____

____.

Si estamos batallando para nuestro cambio interno, bueno hay que pedir ayuda, y ya sabemos que solo dios el Eterno, Jesucristo y el Espíritu Santo nos podrán ayudar. ¿Lo vamos hacer?____

____

____

____

____.

Para que sea posible la petición, necesitamos que nuestro corazón-mente se quebrante, y que nuestro espíritu-conciencia se humille ante la presencia de Dios.

¿Se podrá? ¡Claro que si!____

____

____

____

____.

Vamos parar por este momento, en unos segundos, y hay que reflexionar:

¿Qué estoy haciendo con mi vida?

¿Estoy bien o estoy mal?

Bien cada uno de nosotros, sabemos cómo andamos, a veces altas y bajas, algunas ocasiones andamos con el Conocimiento del mal, y después reflexionaos, y andamos en el Conocimiento del bien, Se, que es una guerra de segundo a segundo en nuestro interior, porque para muchas personas nos he difícil estar en la Cima, cuando andamos en la Sima.

Y cuando nos damos cuenta que nos es muy difícil andar con el Conocimiento del bien, entonces debemos de pedir ayuda, ¿Pero a quien?

Pues a nuestro Dios- Padre, a nuestro Jesucristo- Hijo y al Espíritu Santo, que nos ayuden, pero debe de ser de corazón- mente quebrantado y un espíritu-conciencia humillado, solo así, nos pueden ayuda, y solo así, podemos seguir adelante rumbo a la Cima. ¡Claro que sí!

Ustedes mis queridos lectores, autodidactas, estudiantes, docentes y público en general, ¿Qué les parece todo esto?

Pueden dar sus argumentos, sus opiniones, ¡claro que sí!

Muy bien hay que opinan de este tercer capítulo.

¿Vamos bien o

no?____

____

______________________________**y ¿Por qué si o porque**

no?____

____

____

____

____.

Debemos de tener paciencia, todo es posible si creemos en nosotros mismos y en nuestro Creador – el

Eterno.____

____

____

____

____-.

Discusión.

Bien cada uno de nosotros, sabemos cómo andamos, a veces altas y bajas, algunas ocasiones andamos con el Conocimiento del mal, y después reflexionaos, y andamos en el Conocimiento del bien, Se, que es una guerra de segundo a segundo en nuestro interior, porque para muchas personas nos he difícil estar en la Cima, cuando andamos en la Sima.

Y cuando nos damos cuenta que nos es muy difícil andar con el Conocimiento del bien, entonces debemos de pedir ayuda, ¿Pero a quien?

Pues a nuestro Dios- Padre, a nuestro Jesucristo- Hijo y al Espíritu Santo, que nos ayuden, pero debe de ser de corazón- mente quebrantado y un espíritu-conciencia humillado, solo así, nos pueden ayuda, y solo así, podemos seguir adelante rumbo a la Cima. ¡Claro que sí!

Ustedes mis queridos lectores, autodidactas, estudiantes, docentes y público en general, ¿Qué les parece todo esto?

Pueden dar sus argumentos, sus opiniones, ¡claro que sí!

Cada quien decide hacia donde, unos van por el camino del conocimiento del bien y otros van rumbo al conocimiento del mal,

Todos y cada uno de nosotros tenemos todas las herramientas didácticas, psicológicas, somáticas, para decidir que voy hacer con mi vida en este viaje tan corto que es nuestras vidas aquí en la tierra.

Imagen.

Mapa mental.

Hay dos caminos ene este transitar vida, que estamos viviendo en este Planeta llamado Tierra, y es él: Conocimiento del bien, y el Conocimiento del mal, cada quien decide hacia dónde va, en este transitar vida, Pero hay que tener mucho cuidado porque podemos ir rumbo a la Sima y otros van hacia a la Cima, ¿Tu hacia donde quieres ir?

↓

Muy bien, pues ya estamos advertidos, que vamos hacer con nuestras vidas, es muy lamentable, que hoy día, exista tanta arrogancia, vanidad, egocentrismo, soberbia, robos, pereza somática y física y mental, que no queremos dar un paso más, que nos gana el uso del famoso celular-Internet, que ya no queremos leer, y mucho menos reflexionar, meditar, ¿Qué está pasando con mi vida?

Peor tenemos un ayudador que esta siempre presto y el es mi dios el Eterno, mi Jesús y el espíritu Santo siempre pero siempre están listos, prestos, día y noche a ayudarnos, peor no queremos, nos sentimos que todo lo podemos y no es así, hay momentos que estamos llorando sin fuerzas, nos sentimos inútiles, sin fuerzas, pues ahí es donde actúa el Espíritu Santo, necesitamos pedirle ayuda de todo corazón-mente y espíritu - conciencia

Recapitulando.

¿Qué vamos hacer con nuestras vidas?

Te pido humildemente tu opinión respecto a la esta interrogativa.____

____

____

____

____

____.

Tú decides hacia dónde vas a partir de este momento.

¿Qué decides tú?

Describe tus aportaciones.

____

____

____

____

____.

Capitulo cuatro.

¿Hacia dónde vamos, hacia la Cima o hacia la Sima?

Págs. 31-40.

Resumen.

¿Hacia dónde vamos, hacia la Cima o hacia la Sima?

Es muy importante parar en nuestro caminar hoy, y preguntarnos ¿hacia dónde voy hoy día, hacia la Cima, o hacia la Sima? Son los caminos totalmente contarios, ir hacia a la Cima es hacia arriba donde realmente debemos de ir, para ir en busca del Creador, del Eterno con mi amado Jesús, o ir hacia la Sima es ir hacia el abismo, done reinan las tinieblas del enemigo llamado Satanás. Por toda la eternidad en u tormento de segundo a asegundo.

¿Tu mi querido lector hacia donde quieres ir?

Palabras clave.

Cima, Sima, Eterno- Dios, Espíritu Santo, Jesús, amor, gozo y fe.

Introducción. ¿Hacia dónde vamos, hacia la Cima o hacia la Sima?

Es muy importante parar en nuestro caminar hoy, y preguntarnos ¿hacia dónde voy hoy día, hacia la Cima, o hacia la Sima? Son los caminos totalmente contarios, ir hacia a la Cima es hacia arriba donde realmente debemos de ir, para ir en busca del Creador, del Eterno con mi amado Jesús, o ir hacia la Sima es ir hacia el abismo, done reinan las tinieblas del enemigo llamado Satanás. Por toda la eternidad en u tormento de segundo a asegundo.

¿Tu mi querido lector hacia donde quieres ir? Cima, Sima, Eterno- Dios, Espíritu Santo, Jesús, amor, gozo y fe.

Metodología sistemática.

¿Hacia dónde vamos, hacia la Cima o hacia la Sima?

Es muy importante parar en nuestro caminar hoy, y preguntarnos ¿hacia dónde voy hoy día, hacia la Cima, o hacia la Sima? Son los caminos totalmente contarios, ir hacia a la Cima es hacia arriba donde realmente debemos de ir, para ir en busca del Creador, del Eterno con mi amado Jesús, o ir hacia la Sima es ir hacia el abismo, done reinan las tinieblas del enemigo llamado Satanás. Por toda la eternidad en u tormento de segundo a asegundo.

¿Tu mi querido lector hacia donde quieres ir? Cima, Sima, Eterno- Dios, Espíritu Santo, Jesús, amor, gozo y fe.

Siempre ha existido este dilema, ¿Hacia dónde voy yo? Acaso voy rumbo a la Cima donde está el Conocimiento del bien, donde encontramos : La Masa Encefálica con su Cerebro humano y ahí se anida el verdadero amor, el gozo, la fe, la mansedumbre, la templanza, la benignidad, la sabiduría, la inteligencia, el poder, la consejería, el conocimiento y a reverencia al Dios - Eterno.

Pero el ser humano también tenemos el cerebro mamífero-hormonal y sexual. Y ahí se anida él: Conocimiento del mal.

Y aquí se anida la soberbia, la arrogancia, la vanidad, el coraje, la envidia, las enfermedades somáticas y físicas, el egocentrismo, las depravaciones sexuales, y la semilla de la Iniquidad (el mal) etc., y etc.

Cuando decidimos caminar rumbo al conocimiento del bien, vamos a tener una guerra espiritual cada segundo de nuestras vidas, y hay ocasiones que ya no queremos seguir rumbo a la Cima, y es ahí donde nos ataca, el conocimiento del mal, con todas sus herramientas que ahí se anida, para que caigamos a lo más profundo y llegar la Sima. Pero debo decir que, es hermosos están con a conciencia-espíritu bien tranquilos y además hay alguien que nos ayuda, no, nos deja solos y ese alguien es el Espíritu Santo. Que nos ayuda a renovar fuerzas, en nuestro interior y exterior.

Creo firmemente que si podemos cambiar nuestro hábitos, para una mejora tanto interior como exterior, hay que reflexionar, si sabemos que estamos de pasada en este mundo, ¿entonces porque no cambiar para nuestro bien?

¿Usted qué piensas de todo este cambio interno y externo?

¿Vale la pena cambiar nuestras actitudes, nuestra forma de pensar?

Escriba sus actitudes en estas líneas.

____

____

____

____

____

____.

¡Me asombra las personas, que si quieren cambiar su estilo de vida!

Vale la pena, muy bien, vamos saliendo de nuestra Sima (abismo) y vamos rumbo a la Cima (hacia arriba).

¡Adelante pues!

Hay que recordar que cada ser humano es único, nadie se parece a nadie, nacimos únicos como lo es mi Cristo, mi Dios el Eterno.

A través de la historia de la humanidad, y si revisamos con atención, a través de los escritos de la historia del hombre, vemos que dejaron plasmados, que el hombre siempre ha tenido y tiene hoy día problemas, dificultad, para que el Conocimiento del bien tenga un equilibrio con el Conocimiento del mal, y por desgracia, siempre nos ha ganado el Conocimiento del mal. Por muchas alternativas, y un remanente de hombres y mujeres muy pocos, si han podido tener ese equilibrio entre los desconocimientos, pero hoy día veo, percibo, por muchas tristeza y ahí me cuento yo mismo que hemos caído una y oirá vez en el Conocimiento del mal.

Mi querido lector, participe en este cuestionario. ¿Por qué el hombre a través de la historia, y hoy mismo hemos caído una y otra vez en el Conocimiento del mal?____

____

____

____

____

____.

Discusión.

Si sabemos de ante mano que si no podemos por si solos tener un equilibrio entre los dos Conocimientos.

¿Por qué no, pedimos ayuda al Dios- Eterno a mi Cristo y al Espíritu Santo, ellos nos ayudan, si de todo corazón – mente, se lo pedimos y que nuestro espíritu-conciencia sea humillado ante el?

Vamos a pedirle ayuda al Eterno, ¿Qué nos cuenta? Vamos pues, usted que dice mi querido lector. ¿Se puede o no se puede?

____

____

____

____

____

____

____

____.

Recapitulando.

Creo que hasta en este momento, es decir en este capítulo, hemos puesto las herramientas necesarias para decidir de una vez por todas. ¡Qué Conocimiento nos conviene vivir hoy día!

¿Usted mi querido lector, con cual; Conocimiento se queda, se va con el Mal o con el Bien?

Plásmelo en estas líneas, y diga ¡porque!

____

____

____

____

____

____

____

____.

Vamos por un buen camino, rumbo a la Cima con el cerebro humano que ahí se anida el Conocimiento del bien, pero al parecer nos gusta más el Conocimiento del mal, por doquier veo el egocentrismo, la vanidad, la soberbia, la envidia, el instinto de matar, el uso exagerado del celular- Internet, es una locura, las depravaciones sexuales, se nos olvidado que existe el amor verdadero, yo no lo percibo por ningún lado.

'¡que nos está pasando a toda la humanidad!

Dígame usted mi querido lector, ¡que nos está pasando!

____

____

____

____

____

____

____.

Debemos de parar por unos minutos y reflexionar, y nos preguntemos ¡Hacia dónde voy yo, en este diario caminar!

¡Voy hacia el camino correcto, hacia la: Cima, hacia el Cocimiento del bien o voy todo lo contario la Conocimiento del mal!

Dígame usted, estudiante, maestro, autodidacta, lector, ¡que nos está pasando!

____

____

____

____

____

____

____

____

____.

Imagen.

Mapa mental.

Muy bien, hay que dar el paso firme, y hoy es el día, de hacer un cambio interno y externo de nuestra forma de pensar, de caminar, de reflexionar, de ha vitos, de salir de la Sima y para entrar al camino de la Cima, rumbo al triunfo, de tener nuevos pensamientos, actitudes, de ser servidores y no ser servido, de ayudar a cada persona, de decir: Buenos días.

NUESTRO CEREBRO NHUMANO es más poderoso que el cerebro mamífero-hormonal y sexual, porque el conocimiento del Bien está en el cerebro humano y ahí están todas nuestras herramientas para poder dirigir bien al conocimiento del mal, porque el Amor limpio y verdadero es más fuerte, y poderosos que todo ,y demás, tanto material como espiritual, es por ello que me atrevo a decir que Si podemos enlazar y controlar al Conocimiento del mal, Cuando se quiere, se puede y cuando se puede, nuestro Dios, Jesucristo y el Espíritu Santo están con uno, ellos en su Poder Eterno nos ayudan cada segundo de nuestra existencia.

¡Verdad que si se puede!

Capitulo cinco.

Nacimos con todas las herramientas para hacer el bien.

Págs.41-50.

Resumen.

Nacimos con todas las herramientas para hacer el bien.

Cada ser humano tenemos, una Masa Encefálica y en ella están los tres cerebros, el cerebro humano que en él, están todas las herramientas para hacer el bien, es decir, ahí está el Conocimiento del bien y tiene: el amor, el gozo, la fe, la benignidad, la templanza, la mansedumbre, la sabiduría, la inteligencia, el poder, la consejería, el conocimiento y temor a nuestro Dios el Eterno. Con todos estas herramientas s podemos vivir en armonía, y así podemos equilibrar los tres cerebros, y todo seria diferente, ¡de que se puede, se puede!

Palabras clave.

Amor, paz, templanza, fe, mansedumbre, benignidad, sabiduría, inteligencia, poder, consejería, conocimiento, temor a Dios, el Eterno.

Introducción. Cada ser humano tenemos, una Masa Encefálica y en ella están los tres cerebros, el cerebro humano que en él, están todas las herramientas para hacer el bien, es decir, ahí está el Conocimiento del bien y tiene: el amor, el gozo, la fe, la benignidad, la templanza, la mansedumbre, la sabiduría, la inteligencia, el poder, la consejería, el conocimiento y temor a nuestro Dios el Eterno. Con todos estas herramientas s podemos vivir en armonía, y así podemos equilibrar los tres cerebros, y todo sería diferente, ¡de que se puede, se puede! **Amor, paz, templanza, fe, mansedumbre, benignidad, sabiduría, inteligencia, poder, consejería, conocimiento, temor a Dios el Eterno.**

¿Qué piensa usted mi querido lector? ¿Podrá plasmar sus sentires?

____

____

____

____

____

____

____.

Metodología sistemática.

Nacimos con todas las herramientas para hacer el bien.

Cada ser humano tenemos, una Masa Encefálica y en ella están los tres cerebros, el cerebro humano que en él, están todas las herramientas para hacer el bien, es decir, ahí está el Conocimiento del bien y tiene: el amor, el gozo, la fe, la benignidad, la templanza, la mansedumbre, la sabiduría, la inteligencia, el poder, la consejería, el conocimiento y temor a nuestro Dios el Eterno. Con todos estas herramientas podemos vivir en armonía, y así podemos equilibrar los tres cerebros, y todo sería diferente, ¡de que se puede, se puede! Tenemos **Amor, paz, que es nuestro Conocimiento del Bien, consejería, temor a Dios el Eterno.**

Con todos los atributos, que cada ser humano nace, es suficientes para ir por un buen camino día a día, noche y tras noche a cada segundo de nuestra existencia, **¡claro que algunos de los atributos están anestesiados, congelados, dormidos!**

Pero, podemos despertados, si queremos, que en nuestro cerebro humano está el espíritu- conciencia, pues hay que motivarla, hay que tener coraje, persistencia, terquedad, luchar por algo muy valioso que es el: **Amor, paz, que es nuestro Conocimiento del Bien, consejería, conocimiento, temor a Dios el Eterno.**

Y si en verdad no es muy difícil, despertar los atributos, pues, tenemos quien nos ayude, y el no falla, que es nuestro Dios el Eterno, peor se necesita pedirle con un: Corazón –mente quebrantado reconocer que solos no podemos y con un espíritu -conciencia humilde, entonces Viene a nosotros en nuestro interior: el Espíritu Santo, y viene nuestro Dios, y viene Jesucristo los tres están en cada uno de nosotros, listos para ayudarnos, ¡Claro que Si!

Somos muy inteligentes para hacer el mal, pero para hacer el bien, somos torpes, perezosos, lo dejamos para después. ¿Por qué lo hacemos? ¡No lo sé!, ¡Usted, querido lector, estudiante, maestro, autodidacta! ¿Sabe porque somos as?

¿Tú que dices mi querido lector, estudiante, maestro y lector?

¿Se podrá cambiar, o si?

Opina tus inquietudes:-

____

____

____

____

____

____.

¿Habrá alguien que nos pueda ayudar?

____

____

____

____

____

____

____.

Si podemos hacer el Bien, siempre y cuando quiera uno, es decir hay que amanecer con un entusiasmo, con coraje de cambiar, con persistencia, y con la ayuda del Creador el Eterno, segundo a segundo, y decir, si voy ayuda al prójimo al cambio de nada, vale más ser servidor que ser servido eso le agrada a Dios, a MI Cristo y al Espíritu Santo, resumiendo: ¡Si vale la pena cambiar y estar consientes que tenemos todas las herramientas necesarias para cambiar y además tenemos a alguien que está dispuesto siempre ayudarnos y ese es mi Dios el Eterno.

Te pido humildemente que escribas tus aportaciones de este tema.

____

____

____

____

____

____.

Pues bien se dice muy fácil, pero cada ser humano tenemos una guerra interna cada segundo de nuestra existencia, con los tres cerebros, pero sobre todo con el cerebro humano y el cerebro mamífero- hormonal y sexual, estos dos cerebros están en guerra, desde la edad de cada ser humano de los tres anos, porque esa edad, despierta el cerebro humano, que ahí se anida el espíritu- conciencia, e se inicia la guerra con el cerebro mamífero porque ahí se anida " la semilla de la iniquidad, que es el conocimiento del mal".

Es muy lamentable, da tristeza, de ¡Como está este mundo, las personas, de todas las edades!, que están caminando día tras día, noche tras noche, y uno percibe, que cada día estaos peor, que nos está ganando el: Conocimiento del Mal, ¡qué tristeza y lamentable! Vamos rumbo a un caos, a una Sima, y no quereos cambiar vuestro interior y exterior. Cuando en verada ¡Si podemos cambiar! y estar cambiando con el Conocimiento del Bien, ¡Se que si, se puede!

¡Me gustaría que aportadas tus sentires hoy mismo!

-

____

____

____

____

____

____

____.

Imagen.

#DonesdelEspirituSanto
Sabiduría
Porque el Señor
da la sabiduría;
conocimiento y
ciencia brotan
de sus labios.
Proverbios 2:6

Mapa metal.

Veo un mundo que va cada día mas y mas para un desorden, para una guerra mundial, habrá hambre, las personas, cada día estamos más violentos, egoístas, somos cada día mas soberbios, vanidosos, depravados sexualmente, todo lo malo lo vemos como bueno, y a lo bueno lo vemos como malo, si no despertamos hoy, cada uno de nosotros en los cuatro vientos, esto será un Caos, la Tierra está sufriendo Dolores de parto, por culpa de nosotros, los seres humanos.

A veces me pregunto una vez y orea ves, y me digo: ¿Por qué somos así, los seres humanos a través del ala historia y hoy día?

Si nacimos con todas las herramientas didácticas , psicológicas, físicas, el amor lo tenemos ahí la Conciencia -espíritu, del cerebro humano, entonces ¿Por qué somos así?

Nos encanta hacer el mal, desde que estanos En el vientre DE nuestra MADRE, hasta los últimos días de nuestra existencia. ¿Por qué? No lo sé.

Recapitulando:

Ya en este momento, creo firmemente que estamos preparados para que nuestro Cerebro humano donde se anida la conciencia -espíritu, y todos los atributos que son. **Amor, paz, fe, benignidad, templanza,, gozo, sabiduría, inteligencia, consejería, poder, conocimiento y temor a nuestro Dios el Eterno**, podemos reactivarlas, con la ayuda del Creador, y así poder enlazar, des enlazar y re enlazar los res cerebros y poder llegar a un equilibrio de vivir en armonía, MI pregunta es **¿Se puede, o no se puede?**

¡Qué dices, de todo esto!

____

____

____

____

____.

Con coraje, persistencia, con mucho amor, perseverancia, y estar muy atentos a caminar por los caminos rectos y correctos para poder llegar a la Cima. Y creo que si se puede, y en caso de se nos haga muy difícil, pues a pedir ayuda al que todo lo puede, que es mi Cristo, con el Espíritu santo.

Pues, ha legado el momento de aportar, mis queridos lectores.

____

____

____

____

____

____

____

____

____

____.

Capitulo seis.

Tenemos que parar en nuestro caminar para reflexionar.

Pags.51-60.

Resumen.

Tenemos que parar en nuestro caminar para reflexionar.

Y para ello, hay que parar por unos minutos, para entender, comprender, que la: Masa Encefálica se anida en os res cerebros que son: el cerebro humano, cerebro mamífero y el cerebro por instintivo. Y en ellos hay todo el bien, todo el mal y le instinto de matar por sobrevivir.

Palabras clave.

Reflexionar, integración, amor, discernimiento, simplicidad, complejidad y fe.

Introducción. Tenemos que parar en nuestro caminar para reflexionar.

Y para ello, hay que parar por unos minutos, para entender, comprender, que la: Masa Encefálica se anida en os res cerebros que son: el cerebro humano, cerebro mamífero y el cerebro por instintivo. Y en ellos hay todo el bien, todo el mal y le instinto de matar por sobrevivir.

Reflexionar, integración, amor, discernimiento, simplicidad, complejidad y fe.

Metodología sistemática.

Tenemos que parar en nuestro caminar para reflexionar.

Y para ello, hay que parar por unos minutos, para entender, comprender, que la: Masa Encefálica se anida en os res cerebros que son: el cerebro humano, cerebro mamífero y el cerebro por instintivo. Y en ellos hay todo el bien, todo el mal y le instinto de matar por sobrevivir. **Reflexionar, integración, amor, discernimiento, simplicidad, complejidad y fe.**

Debo de parar en mi diario caminar, y preguntarme: ¿Qué estoy haciendo con mi vida? ¿Por qué estoy actuando muy mal?

¿Qué me está pasando? ¡Esto no es vivir, como Dios manda!

Nacimos con un propósito que nuestro Creador- Dios el Eterno nos ha escogido, para sus fines, cada ser humano que vivimos en los cuatro vientos, ya venimos un propósito, un mandato, una misión, ya sea escriba 8escritor) ya sea misionero de su santa y Bendita Palabra, un servidor y no ser servido, con los atributos de él nos brinda, para ese mandato que es. El amor verdadero, el gozo, la paz, la fe, la benignidad, la templanza, la sabiduría, la inteligencia, la consejería, el poder,, el conocimiento y reverencia a nuestro dios el Eterno.

Ahora viene la pregunta. ¿Verdad que si se puede?

Aporta tus inquietudes, tus interrogativas y plasmadas aquí.

____

____

____

____

____.

Pues, hay que parar en nuestro diario caminar, ya sea de día o de noche, pero hay que parar para poder reflexionar, meditar, y decirnos: ¿Qué estoy haciendo?

Voy por un amino correcto o estoy equivocado, ¿voy rumbo a la Cima, o voy rumbo a la Sima?

Es muy importante reactivar todos nuestros atributo que nos han dado y que ya nacemos con ello, a través de nuestros cerebros, es por ello, que hay que "parar día tras día y noche tras noche en nuestro diario vivir, en nuestro caminar, estamos para poder "reflexionar unos minutos y preguntarnos todos y cada uno de nosotros que vivimos en este Planeta llamado Tierra y decirnos ¡Que estoy haciendo! ¡Voy por un buen camino! ¡Es el camino correcto por donde voy!

Ya esto depende de cada persona, sus respuestas, lo que más me gusta, es que ya nacemos con todas las herramientas, lo que pasa es que a veces se nos olvida: reflexionar, y la reflexión debe de ser cada día, cada noche de nuestra existencia,

Porque estamos viviendo tiempos muy difíciles, donde en cualquier monto, en cualquier segundo caemos, y ya estamos con el conocimiento del mal, y lo más triste es que, ni nos damos cuenta que ya estamos en el abismo, en la Sima.

¿Usted que dice, mi querido lector? Plasme algunas de sus respuestas, respecto a este tema "la reflexión"____

____

____.

Muy bien concluimos en que, cada ser humano decide, hacia va en su diario caminar, pero si es muy importante decir, que debemos de parar en nuestro caminar para reflexionar, cinco minutos, para entender, comprender, analizar y llegar a conclusiones positivas, ¡hacia donde voy!, si voy rumbo a la Sima, o voy rumbo a la Cima, y recordar que, debemos de despertar nuestros atributos, también ,se, que hay muchos extractores externos que nos alejan del Conocimiento del Bien, por ejemplo, el uso exagerado del celular-Internet, muchos de nosotros lo usamos por horas y horas durante el día y durante la noche, y el Creador nos pide nada mas cinco minutos para, parar en nuestro caminar y reflexionar, y además pedirle ayuda, para que el nos ayude a buscar el verdadero camino, donde hay: luz, verdad y camino, para poder despertar los atributos que están en nuestro cerebro humano, ya que ahí se anida el Conocimiento del Bien.

¿Qué piensa mi querido lector (a) le pido humildemente que plasme sus sentires?

____

____

____

____

____.

Muy bien, creo que vamos por un buen camino, ¿Qué piensan ustedes estudiantes maestros y lectores? Plasme sus pensamientos aquí.

____

____

____

____

____.

Discusión. Ya tenemos todas las herramientas, los atributos, para que nos guiden, y así poder ir en el aino correcto, buscando la luz, el camino y la verdad, y así, despertar al Conocimiento del Bien, y que él, se encargue de guiar, de enlazar al cerebro mamífero, hormonal y sexual y poder llegar a un equilibrio con la balanza, y así ir en busca del camino que nos lleva por fin a la Cima.

¿Qué dice mi querido lector (a) de esta reflexión?

____

____

____

____

____

____

____

____.

Imagen.

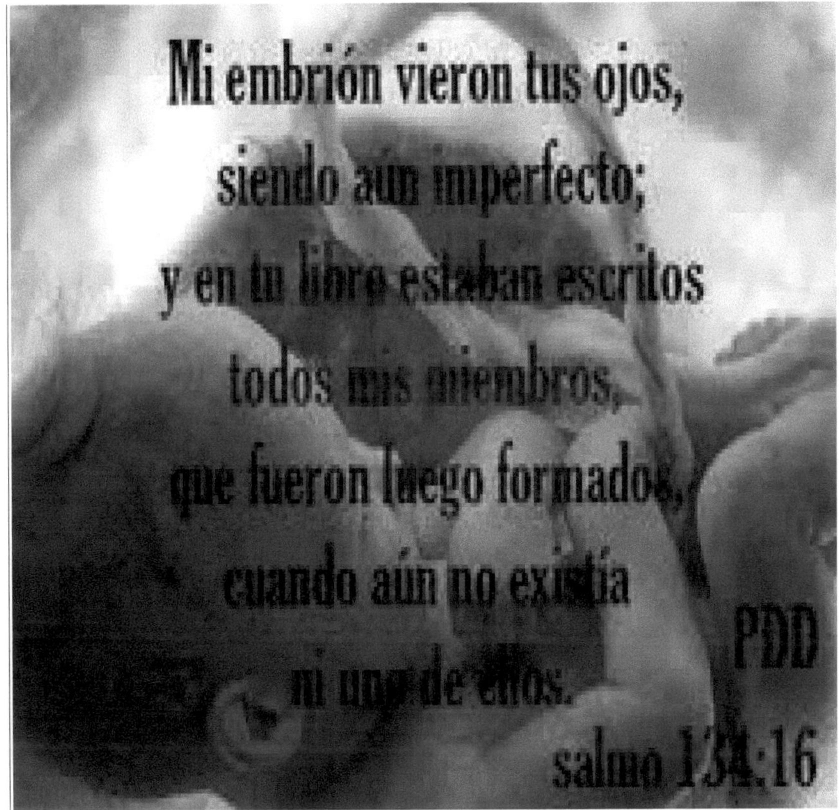
Mi embrión vieron tus ojos,
siendo aún imperfecto;
y en tu libro estaban escritos
todos mis miembros,
que fueron luego formados,
cuando aún no existía
ni uno de ellos.
PDD

Mapa mental.

Nacimos para hacer el bien, pero, en nuestra Masa Encefálica tenemos tres cerebros, el cerebro humano donde se anida el espíritu -conciencia, el Conocimiento del bien, el cerebro mamífero-hormonal y sexual donde se anida el Conocimiento del mal, y el cerebro instintivo es donde se anida la supervivencia , que hasta matamos para pode sobrevivir.

Resumiendo, el Conocimiento del bien tiene toda las herramientas, para dirigir a los otros dos cerebros, y con la ayuda del creador , nuestro dios-Eterno si podemos, todo es cuestión que yo, me decida, a enlazar y des enlazar y re enlazar los tres cerebros, y si podeos hacer el bien, para ello hay que parar en nuestro diario caminar, y quitar todo extractor que nos esta estorbando, y verán mis queridos lectores que si se puede, porque tenemos el verdadero Amor, que es mi Cristo, y hoy día tenemos a nuestro alcance al Espíritu Santo que él nos ayuda en poder vivir bien.

Muy bien, vamos a aportar, de lo que hemos aprendido, analizando, y resumiendo.

Lectores, ustedes que dicen respecto a este capítulo, ¿Se puede vivir en armonía, con todo este desorden mundial?

____

____

____

____

____

____.

Yo creo que sise puede, pero necesitamos la ayuda del Espíritu Santo.

Aporte sus comentarios y argumentos.

____

____

____

____

____

____.

Muy bien, creo que si vamos rumbo a la Cima.

Haciendo el bien.

____

____

____

____

____

____.

Es una lucha de segundo a segundo de nuestra existencia. Pero si se puede.

____

____

____

____

____.

Necesitamos parar y reflexionar, y decirnos ¿Qué estoy haciendo en mi diario vivir, estoy haciendo el bien o estoy haciendo el mal?

____

____

____

____

____

____

____

____

____

______________________________________.

Capítulo siete.

Estamos viviendo tiempos muy difíciles a nivel global.

Págs. 61-70.

Resumen.

Estamos viviendo tiempos muy difíciles a nivel global, hoy día, cada día, existe mas egocentrismo, mas vanidad, mas egoísmo, mas desamor, mas envidia, mas soberbia, es decir, nos esta gobernando el cerebro mamífero- hormonal y sexual, y ahí está la semilla de la Iniquidad (la maldad) pues bien nos lleva mucha delantera, ¡Qué vamos a hacer, para poder llegar al Conocimiento del bien!

Palabras clave.

Nivel global, conocimiento del mal, la semilla de la Iniquidad (maldad), el desamor, egocentrismo, soberbia y vanidad, ego, desviaciones sexuales,

Sima, y todo lo que nos estorba para poder ir por un camino recto.

Introducción.

Estamos viviendo tiempos muy difíciles a nivel global, hoy día, cada día, existe más egocentrismo, mas vanidad, mas egoísmo, mas desamor, mas envidia, mas soberbia, es decir, nos está gobernando el cerebro mamífero- hormonal y sexual, y ahí está la semilla de la Iniquidad (la maldad) pues bien nos lleva mucha delantera, ¡Qué vamos a hacer, para poder llegar al Conocimiento del bien!

Nivel global, conocimiento del mal, la semilla de la Iniquidad (maldad), el desamor, egocentrismo, soberbia y vanidad.

La mayor parte de la humanidad vive en un mundo muy raro, equivocado, abunda la soberbia y el desamor con el egocentrismo a granel.

Y esto en a nivel global. En los cuatro vientos.

¡Verdad que si! Plasme su sentir.

____

____

____

____

____

____.

Metodología sistemática.

Estamos viviendo tiempos muy difíciles a nivel global, hoy día, cada día, existe más egocentrismo, mas vanidad, mas egoísmo, mas desamor, mas envidia, mas soberbia, es decir, nos está gobernando el cerebro mamífero- hormonal y sexual, y ahí está la semilla de la Iniquidad (la maldad) pues bien nos lleva mucha delantera, ¡Qué vamos a hacer, para poder llegar al Conocimiento del bien!

Nivel global, conocimiento del mal, la semilla de la Iniquidad (maldad), el desamor, egocentrismo, soberbia y vanidad.

Nos lleva mucha ventaja el Conocimiento del mal, que anida en el cerebro mamífero-hormonal y sexual y ahí mismo esta la vanidad, el egoísmo, la soberbia, las desviaciones sexuales, los extractores como el celular- Internet, y todo lo que estorba al cerebro humano que ahí se anida el conocimiento del bien, pues bien, estamos en un caos, vienen plagas mortales mas adelante, vienen guerras nucleares , vienen hambruna mundial, viene la escasez de alientos y la moneda será muy escasa y enfermedades mortales para nosotros los que habitamos en este planeta llamado Tierra.

Que nos queda hacer, pues bien nuestra única salvación e nuestro dios el Eterno, Jesús, y el espíritu Santo que nos ayuden pero para ello, necesitamos ser quebrantados de corazón y ser humilde de espíritu para que ellos habiten en cada uno de nosotros.

Viene mas plagas mortales virales en este Planeta llamado tierra, y es por ello, que estamos sufriendo toda la población, problemas emocionales tanto físicos como mentales, la verdad no se qué va a pasar más adelante, pero estamos viviendo tiempos muy difíciles tanto la población como el Planeta Tierra.

Hoy día esta por doquier, la vanidad, la soberbia, el egoísmo, la envidia, el desamor, las desviaciones sexuales, la pereza mental y física, ya son pocos los que son honrados, (as) los que leer un buen libro, los que comprenden, los que meditan, los que parar al caminar para reflexionar, los que trabajan por honor, me pregunto ¿Qué vamos hacer? Este mundo esta cada día muy mal, la Tierra gime de dolor de parto, por culpa del hombre atraves de los tiempos, pues día a día la misma Tierra gime hay dolores de parto por culpa del hombre.

¿Qué piensan usted mi querido lector (a)?

Aporte sus comentarios, que son muy valiosos para el autor de este hermoso libro.

-

____

____

____

____

____

____

____.

Hay que reconocer, que estamos viviendo tiempos muy difíciles, donde se han desviados los decretos, los mandamientos y los estatutos, para poder caminar en rectitud.

Plasme sus sentires.

____

____

____

____

____

____

____.

Discusión.

Muy bien, creo que estamos caminando por el mismo camino los lectores y el autor de este libro, estamos luchando por ir en el mismo caminar, rumbo a la Cima, para poder estar en el mismo sentir. Así lo percibo, creo que no estoy equivocado, y si por alguno motivo, estoy equivocado, vamos a luchar todos y cada uno de los que quieran estar en el mismo sentir, para llegar todos y cada uno de nosotros a la Cima.

Plasme su sentir mi querido lector (a)

____

____

____

____

____

____

____.

Imagen.

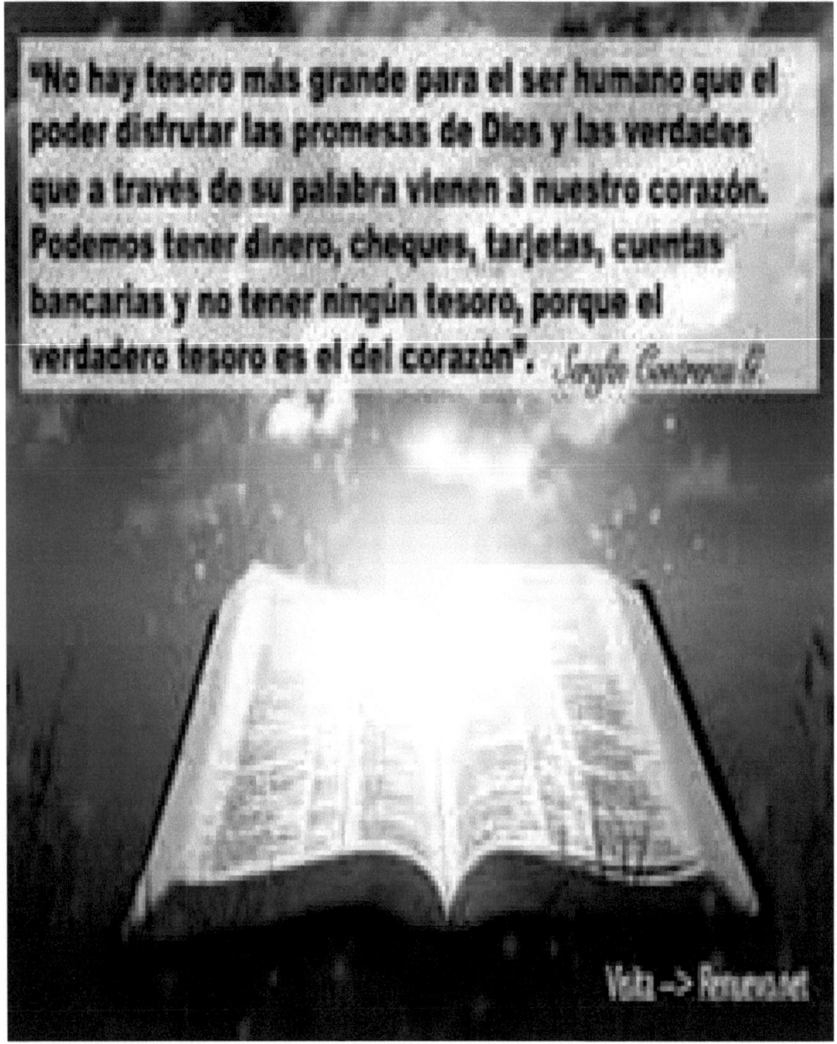
"No hay tesoro más grande para el ser humano que el poder disfrutar las promesas de Dios y las verdades que a través de su palabra vienen a nuestro corazón. Podemos tener dinero, cheques, tarjetas, cuentas bancarias y no tener ningún tesoro, porque el verdadero tesoro es el del corazón".
Visita --> Renuevo.net

Mapa mental.

Hay crisis de valores en los cuatro vientos, estaos viviendo tiempos muy difíciles, hoy día, abundan los problemas de la comunicación, las personas, viven su mundo ahilados la misma persona, el celular- Internet nos esta ganando en la comunicación, ya no existe el diálogo entre dos personas, no he visto ni he escuchado, los buen días, las buena tardes y muchos menos las buenas noches.

↓

Hay que rescatar los valores éticos, que son muy valiosos hoy día, para poder vivir como se debe.

El amor, el gozo, la fe, la benignidad, la templanza, la sabiduría, la inteligencia, el poder, la consejería, el conocimiento y temor a nuestro Dios el Eterno.

Tenemos que parar en nuestro diario caminar, para poder vivir, bien y estar con el Conocimiento del bien, y llegar a la Cima.

Creo que todos se puede si queremos cambiar nuestro interior para lo exterior.

Recapitulando.

Tenemos que rescatar nuestros valores que nos han sido útiles para nuestro diario vivir, una verdadera ética y social, para que estemos en el camino recto, como lo hicieron nuestros padres y antepasados, creo firmemente que sí se puede. Si yo quiero cambiar, tengo el poder y las herramientas necesarias para que yo decida hacia qué camino voy, si voy al camino del bien o al camino del mal.

Es una decisión muy personal de cada persona.

¡Tú decides! Plasma tus sentires en estas líneas.

____

____

____

____

____

____

____.

Es muy triste y lamentable que los valores éticos, se estén desviando por otros rumbos muy equivocados, pero tenemos que rescatar, que luchar para que vuelva el verdadero amor, y así poder seguir viviendo como Dios manda.

¡Verada que si se puede, si uno se decide cambiar nuestro interior y exterior!

Plasme sus sentires.

____

____

____

____

____

____

____

____.

Capitulo ocho.

Podemos vencer con la ayuda del Creador, el Dios Eterno, Jesús.

Págs. 71- 80.

Resumen. Podemos vencer con la ayuda del Creador, el Dios Eterno, si le pedimos de todo corazón, es decir: con un corazón quebrantado y un espíritu humilde, el habitara en nuestro interior y así todo lo exterior se reflejara que la persona tiene una paz, un amor, un gozo, una fe, una templanza, una benignidad, una sabiduría, una inteligencia, una consejería un poder, un conocimiento y una reverencia al Creador.

Palabras clave.

Amor, gozo, fe, paz, benignidad, templanza, mansedumbre, sabiduría, inteligencia, consejería, poder, conocimiento y reverencia al Dios el Eterno.

Introducción. Podemos vencer con la ayuda del Creador, el Dios Eterno, si le pedimos de todo corazón, es decir: con un corazón quebrantado y un espíritu humilde, el habitara en nuestro interior y así todo lo exterior se reflejara que la persona tiene una paz, un amor, un gozo, una fe, una templanza, una benignidad, una sabiduría, una inteligencia, una consejería un poder, un conocimiento y una reverencia al Creador.

Amor, gozo, fe, paz, benignidad, templanza, mansedumbre, sabiduría, inteligencia, consejería, poder, conocimiento y reverencia al Dios el Eterno.

Metodología sistemática.

Podemos vencer con la ayuda del Creador, el Dios Eterno, si le pedimos de todo corazón, es decir: con un corazón quebrantado y un espíritu humilde, el habitara en nuestro interior y así todo lo exterior se reflejara que la persona tiene una paz, un amor, un gozo, una fe, una templanza, una benignidad, una sabiduría, una inteligencia, una consejería un poder, un conocimiento y una reverencia al Creador. **Amor, gozo, fe, paz, benignidad, templanza, mansedumbre, sabiduría, inteligencia, consejería, poder, conocimiento y reverencia al Dios el Eterno.**

Nacimos con todas las herramientas necesarias, aunado a ello, los atributos, los decretos y mandamientos del Creador el Eterno el Altísimo, Sublime, Dios, que nos brinda de su ayuda, solo quiere que la persona que le pide ayuda será sincero con un corazón quebrantado y un espíritu humilde reconociendo que sin él, nada somos, pero con el somos más que vencedores.

Creo que vamos por un buen camino, rumbo a la Cima con la ayuda del Creador, el Altísimo, ¡Usted mi querido estudiante, docente, lector, autodidacta! ¿Qué piensa de todo esto?

Plasme sus comentarios.

____

____

____

____.

Estamos en el ultimo capitulo de este hermoso libro.

¿Qué le ha parecido cada capítulo?, este libro consta de ocho capitulo.

Sinceramente a mí , ha sido maravilloso, sencillo en entender, practico, lo puede uno leer, leer, y leer, y ponerlo en práctica día tras día, noche tras noche, y creo es muy útil para nuestro diario vivir, y cambiar de rumbo, es decir, si yo voy rumbo a la Sima pues , puedo ir rumbo a la Cima ¿Lo cree usted?

Plasme sus aportaciones.

____

____

____

____

____

____

____

____

_______________________________________.

Discusión.

Estamos por terminar esta interesante aventura, que es muy práctico, útil, para estos tiempos tan difíciles que nos ha tocado vivir. Cada día vemos, percibimos, que nos estaos desviando hacia el rumbo equivocado, hemos perdido los hábitos del buen día, la ética, la bondad, el amor verdadero, ser útil para los demás, ya no queremos ser servidores, ahora queremos que so sirvan en todo, es muy triste la vida que estaos viviendo en todo el Planeta Tierra.

¿Qué piensa usted mi querido lector(a)?

-

____

____

____

____

____

____

____.

Imagen

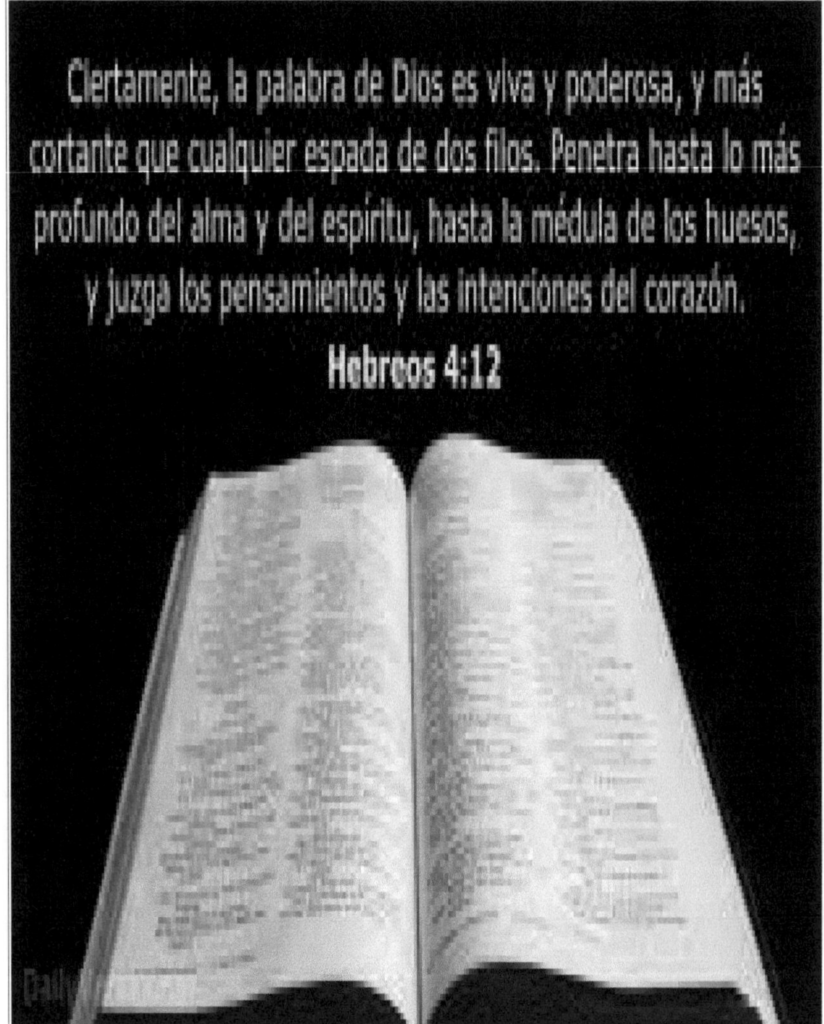
Ciertamente, la palabra de Dios es viva y poderosa, y más
cortante que cualquier espada de dos filos. Penetra hasta lo más
profundo del alma y del espíritu, hasta la médula de los huesos,
y juzga los pensamientos y las intenciones del corazón.
Hebreos 4:12

Mapa mental.

Si no podemos cambiar o tenemos muchas pruebas para el cambio de conducta, del diario caminar, para un rumbo correcto, para poder llegar a la Cima, entonces necesitamos la ayuda de alguien que si se puede ayudarnos para ese cambio, y poder llegar al Conocimiento del bien, y ese alguien se llama Jesucristo, el dios- Padre y el Espíritu Santo, solo ellos podrán ayudarnos.

Muy bien, así lo hacemos, pues estaremos más tranquilos, y solo así, viviremos en paz, con un amor verdadero, un gozo, la fe, la paz, la misericordia, la templanza , la benignidad, la sabiduría, la inteligencia, el poder, la consejería, el conocimiento y temor (reverencia al Padre el Eterno).

Creo sinceramente que solo así, habrá paz en los pueblos, ciudades, estados, países, en todo el mundo, y habrá armonía entre los seres humanos, y el Cerebro Mamífero- hormonal y sexual estar en equilibro con el Cerebro humano, donde habita el verdadero amor y el Conocimiento del Bien.

Podremos estar en verdad día y noche con Dios el Padre, don Dios el Hijo y con Dios el Espíritu Santo.

Recapitulando.

Nacimos con tres cerebros en nuestra Masa Encefálica, y ellos son los siguientes:

Cerebro humano que en él están el espíritu - conciencia, el alma- mente, el conocimiento del bien, el amor verdadero, el gozo, la paz, la benignidad, la templanza, la fe, la sabiduría, la inteligencia, la consejería el poder, el conocimiento y temor a nuestro Dios verdadero.

Pues bien con ello y la ayuda del Dios Eterno, todo es posible y solo así podremos vivir felices como debe de ser.

Plasme sus aportaciones por favor.

____

____

____

____

____

____.

Ahora nos toca habar del cerebro mamífero- hormonal y sexual, y que ahí se anida el Conocimiento del mal, y la semilla de la iniquidad, el desamor, la soberbia, y todo lo opuesto del Conocimiento del bien.

Pues bien a mi parecer, hoy día nos gobierna el Conocimiento del mal, donde está la semilla de la iniquidad, es decir, que a pesar que tenemos todas las herramientas necesarias, para vencer el conocimiento del mal, no hemos podido, pero aquí es donde debemos de pedir ayuda a nuestro Dios, Jesús y el Espíritu Santo para que con su ayuda podremos vivir como debe de ser.

Aporte por favor sus cometarios.

____

____

____

____

____

____

____

____

____

____.

Hemos terminado de escribir este hermoso libro, ¿Qué le parece?

¿Vale la pena todo este esfuerzo?

¿Verdad que si?

Pues bien le pido humildemente que haga sus aportaciones finales, gracias.

____

____

____

____

____

____

____

____

____

____.

Bibliografía.

(Las Sagradas Escrituras- Biblia).

1.- Barraza Cuéllar Armando. (2011). Siete Pasos para llegar a una Enseñanza-Aprendizaje. (Metas para el 2021 en la educación educativa a nivel superior de alta calidad, en el inicio de un pensamiento integral). U.S.A. Editorial Palibrio.

2.- Barraza Cuéllar Armando. (2012) ¡Como que eres maestro! España. Editorial Académica Española.

3.- Barraza Cuéllar Armando. (2012). Vamos pues a integrar: cuerpo, mente y consciencia. España. Editorial Académica Española.

4.- Barraza Cuellar Armando. (2012)¿Cómo le puedo hacer? Yo, para reactivar a mí: Cuerpo, a mi mente y a la inteligencia e integrarlos para sus diferentes funciones. España. Editorial Académica Española.

5.- Barraza Cuéllar Armando. (2012). Siete pasos para llegar a la consciencia. España. Editorial Académica Española.

6.-Barraza Cuéllar Armando. (2012). Los siete procesos de una integridad que es la enseñanza-aprendizaje. España. Editorial Académica Española.

7.- Barraza Cuéllar Armando. (2019). Enséñame tu, lo que yo no veo.

España. Editorial Académica Española.

Curricular vitae.

Nací en Santa Bárbara, Chihuahua, México, y resido en Ciudad Juárez, México, soy médico, maestro, investigador, escritor (literato didáctico

barrazacuellar2001@yahoo.es

Fecha. 30 de Septiembre de 2022.

Entidad: Chihuahua.

Printed by Books on Demand GmbH, Norderstedt / Germany